MARIANNE KOLLHOFF
IMPULSE AN DIE SEELE

MARIANNE KOLLHOFF

IMPULSE AN DIE SEELE
MIT HÄNDEN HEILEN

Für meine liebe Schwester Hildegard,
Yvonne und Eva

Die Deutsche Nationalbibliothek verzeichnet
diese Publikation in der Deutschen National-
bibliografie; detaillierte bibliografische Daten sind
im Internet über http://dnb.dnb.de abrufbar

© Marianne Kollhoff 2015

Herstellung und Verlag:
BoD – Books on Demand, Norderstedt
ISBN: 978-3-7347-8289-3

Abbildungen:
Umschlagseite: »Frame I«, Aquarell von Marianne
Rückseite: Marianne, fotografiert von Björn Vogt

Layout: Eva Bothe

VORWORT

Impulse an die Seele - ist der Titel dieses kleinen Buches. Aufgrund vieler Fragen nach dem Ursprung meiner Tätigkeit möchte ich zur Information einige Erfahrungen und wundersame Erlebnisse schildern, die mir als »Heilerin« immer wieder zuteil werden. Oft werde ich gefragt, wo und wie ich das gelernt habe. Beim Durchlesen werden Sie feststellen dass ich ein ganz normaler Mensch bin, mit der besonderen Gabe der Geistheilung - des Handauflegens. Ich habe das weder gelernt, noch habe ich darüber gelesen, keine Kurse oder Seminare besucht. Ich weiß, dass ich diese Gabe in mir trage, von Herzen, mit Liebe und Humor gebe ich die positive Energie weiter. Wie soll das erlernbar sein?!

Wir Heiler dürfen uns zwar »Heiler« nennen, aber ich betone immer wieder und von Anfang an, dass ich selbst nicht heile. Wir haben die Gabe Impulse zu senden, um die Selbstheilung der Menschen anzuregen. Wenn dazu noch eine innere Bereitschaft vorhanden ist, steht einer Heilung nichts im

Wege. Oft reicht schon ein Gespräch am Telefon, dass Schmerzen über Nacht verschwinden und der Termin gar nicht mehr nötig ist.

Seit 2007 gehe ich zusammen mit vielen anderen spirituellen Menschen, die diese Gabe besitzen, an die Öffentlichkeit, um den Unwissenden zu beweisen, dass wir nicht nur von Schulmedizin abhängig sind. Unser Wunsch wäre, vor einem Arztbesuch, erst einmal unsere Hilfe in Anspruch zu nehmen. Wie oft haben wir den Kranken Spritzen und starke Medikamente ersparen können!

Deshalb ist mein ganz persönlicher Wunsch, mit Kliniken und Ärzten zusammen zu arbeiten, ein Sich-Ergänzen und Miteinander, denn leider werden wir immer noch belächelt und oft als Scharlatane hingestellt.

Ich bin sehr glücklich über diese Gabe und hoffe, dass ich damit noch sehr lange den Hilfesuchenden zur Seite stehen kann.

– WER HEILT HAT RECHT –
(Paracelsus)

1954
– FREISING –

DIE GNADE

Im Kindergarten bekam ich die Aufgabe ein Bild zu malen, damit die anderen Kinder daraus ein Mosaik kleben. Ich zeichnete einen Engel mit Koffer. Unsere Kindergartenschwester fragte mich, was denn in dem Koffer sei? Ich antwortete: »DIE GNADE«. Was dies zu bedeuten hatte, weiß ich erst heute ganz genau. Meine erste Lebenshälfte widmete ich der Malerei und meine zweite Lebenshälfte der »GNADE«, Menschen Impulse zur Selbstheilung zu geben.

2004
– WENDLAND –

JA ICH WILL

Montag, 28.Dezember 2004, Termin bei Ingrid (»Botschafterin der Engel«). Das war ein Weihnachtsgeschenk von meiner Schwester Hildegard. Sie meinte, ich müsste da unbedingt hingehen, um eine Information für die Zukunft zu bekommen. Eigentlich bin ich ja kein Mensch, der sich für die Zukunft interessiert. Es machte mich aber dann doch neugierig.

Ingrid erkannte, dass ich im Mittelalter eine Hexe war. Durch die Engel ließ sie mich wissen, dass ich anfangen sollte, mit meinen Händen zur Heilung beizutragen.

Ich spürte schon lange, dass in mir die Kraft und eine unendliche große Liebe zu Menschen, Tieren und der Natur vorhanden war, und der Zeitpunkt gekommen war, diese Energie zu nutzen, um Menschen zu helfen.

Aber wie??

Einige Zeit später saß ich mit meinen Freundinnen im Atelier. Während des Malkurses erzählte ich ihnen von dem Besuch bei Ingrid, und dass ich nicht so recht wüsste, mit den Informationen umzugehen. Meine Freundin Sylvia erzählte mir dann von ihrer Freundin Antje, die mir bestimmt helfen könnte.

Also fuhren wir zu Antje, die selbst Heilerin, Seherin und Aura-Leserin ist. Sie sah mich an und meinte: »Du hast schon im Mittelalter als Hexe gearbeitet.« Scheinbar half ich den Bauern dabei, durch gutes Wetter eine reiche Ernte einzubringen. Ich erzählte ihr die Botschaft von Ingrid, und dass ich nicht so recht wüsste, wie ich anfangen sollte. Ganz verblüfft hörte ich sie sagen: »Gehe nach Hause und fange an, die Informationen bekommst du dann schon«.

Ich stieg in Sylvias Auto und konnte es nicht fassen. Auf der Heimfahrt spürte ich so eine massive Energie in mir, dass ich meinte zu platzen. Ich konnte es kaum mehr erwarten, die GNADE aus dem Köfferchen des Engels zu holen und meiner Bestimmung zu folgen.

Wieder zu Hause in meinem wendländischen Bauernhaus suchte ich mir ein kleines Zimmerchen aus, das mir als zukünftiges »Arbeitszimmer« gut gefiel. Jetzt musste ich aber erst mal mein Umfeld schaffen, so dass ich mich selber wohl fühlte. Trotzdem dauerte es fast ein ganzes Jahr bis ich den Raum so gestaltet hatte, dass es stimmig für mich war. Schritt für Schritt hatte ich mein Zimmer eingerichtet und allerhand Kleinode gesammelt, nicht nur zur Verschönerung, sondern auch zur Verstärkung meiner Energie. Das waren z.B. schöne Steine, Engel, Tücher, ein wunderbarer »Relaxstuhl«, ein selbst gemaltes Bild, ein Teppich und so fort. Ich schuf mir eine kleine Oase der Ruhe in meinem Haus und war sehr glücklich darüber. Geschichten aus meinem Leben fielen mir ein, die ich immer als normal empfunden hatte, die aber, so wusste ich nun, mit der besonderen Gabe der GNADE zusammen hingen.

Zu meinem Erstaunen stellte ich während der ganzen Zeit der Vorbereitung fest, dass ich eigentlich schon mein ganzes Leben lang spirituell veranlagt war.

GESCHICHTEN

Fünfzehn Jahre bevor ich anfing mit meinen Händen zu heilen, war ich schon mit dem Besprechen von Warzen vertraut. Mein Sohn Stephan hatte mit sechs Jahren sieben Warzen an der Fußsohle. Da es bei uns in der Familie nie Warzen gab, fragte ich sämtliche Bekannte und auch unter anderem meine Arbeitskollegin, wie ich da vorgehen soll. Sie erzählte mir, dass sie als Kind welche hatte und damit zu einer »Besprecherin« ging. Nie hatte ich davon gehört – das war neu für mich... »Eigentlich dürfte sie mir nichts sagen darüber, weil es ein Geheimnis sein sollte.« Aber es war schon so lange her, dass sie keine Angst hatte, dass die Warzen wiederkämen. Also verriet sie mir dieses kleine »Ritual«. Da ich ja, wie ich schon erwähnte, unbewusst spirituell veranlagt war, habe ich es einfach ausprobiert und war ganz gespannt auf das Ergebnis des kleinen Rituals.

Nach ein paar Wochen (wir hatten gerade Ferien auf unserem Bauernhof verbracht) schrie mein Sohn morgens im Bett nach mir. Siehe da, die

Warzen hatten sich in Luft aufgelöst! Damit fing meine Laufbahn als »Beprecherin« an.

Ich muss dazu sagen, dass die Bezeichnung »Besprecherin« eigentlich auf mich nicht zutrifft. Ich schweige eher, als dass ich »spreche«. Auf alle Fälle hatte ich plötzlich ein Auge auf Warzen und bot mich bei Bekannten und Freunden an, ihnen dabei zu helfen, sich von diesen zu trennen.
Ich erinnere mich an eine alte Schulfreundin, die ich mindestens 30 Jahre nicht gesehen hatte. Emma erzählte mir bei einem unserer Klassentreffen, dass sie vor ein paar Jahren schwer erkrankt war. Ihr Leben hing an einem seidenen Faden. Damals dachte sie ganz intensiv an mich, obwohl wir uns so lange nicht gesehen hatten. Plötzlich besserte sich ihr Zustand von Stund an. Zur gleichen Zeit hatte auch ich öfters an sie gedacht. Ich fand ihren Bericht sehr schön und weiß heute, dass es kein Zufall war.

Ganz besonders lieb ist mir die Geschichte mit der Hand. Mein Sohn Stephan, im Vorschulalter, hatte immer viel Freude daran mit meiner Hand zu spielen. Dabei sprach er: »Hand, Du musst jetzt in dein Zimmer«, während er meine Hand in meine Hosentasche steckte. Oder er sagte: »Hand, wir spielen jetzt mal miteinander!« Das schönste aber geschah eines Morgens, als er zu mir ins Bett schlüpfte. Da legte er meine Hand auf das Kopfkissen, deckte sie zu, und meinte: »Hand, Du bist ein guter Mensch.«

2005
– DER ANFANG –

Nach der Fahrt mit Sylvia zu Antje, am fünfzehnten März 2005, fühlte ich mich stark und unglaublich fest entschlossen, mit einem lauten und deutlichen »JA ICH WILL« meiner Bestimmung zu folgen.

Ende Mai 2005 ereignete sich ein schwerer Unfall mit einem Jagdhund. Ich wurde von diesem Hund angefallen und so schwer verletzt, dass ich zwei Tage auf der Intensivstation lag. Fünf Millimeter hätten bis zur Halsschlagader gefehlt und ich wäre verblutet. Außerdem hatte ich viele Bisse und Risse am Kopf und am ganzen rechten Oberarm. Nach diesem schrecklichen Ereignis wuchs in mir erst recht das Gefühl, Anderen helfen zu wollen.

Mittlerweile habe ich von etlichen Menschen gehört, dass sie durch einen schweren Unfall oder ein schweres Schicksal den Weg zum Geistigen Heilen fanden.

ERSTE ERFAHRUNGEN

Bis dato hatte ich natürlich schon ein paar Leute, einige aus unserem Dorf, Freunde und Bekannte, bei denen ich mich erstmal ausprobieren durfte. Mein erster Fall von Gürtelrose war bei meiner Mama, die leider meine Unerfahrenheit zu spüren bekam. Für ihren Reizhusten hatte ich eine Sitzung benötigt, für die Gürtelrose aber reichte einmal Handauflegen nicht. Mir wurde klar, dass ich jeweils drei Sitzungen innerhalb einer oder eineinhalb Wochen tätigen musste. Bei Warzen reicht eine Sitzung, aber bei jeder anderen Krankheit bedarf es dreier Besuche.

Nun hatte ich schon ein wenig gelernt wie ich mit meiner Heilmethode umzugehen hatte. Während der Arbeit hatte ich das Bedürfnis für mich und meine Besucher die Atmosphäre so angenehm wie möglich zu gestalten. Ich suchte mir also eine schöne Entspannungs - CD aus und fand dazu ein wunderbares Lavendelöl. Es hat sich herausgestellt, dass sich Viele danach wohl und entspannt fühlen.

Ich habe auch Tieren geholfen.

Meine erste Erfahrung mit Tieren hatte ich mit Silvias Lämmchen, das erst ein paar Wochen alt war. Es hatte Verdauungsstörungen und wurde von einer Tierärztin betreut, die aber wenig Hoffnung hatte, dass es durchkam. Allein die Vertrautheit zwischen mir und dem Tier war für mich total schön. Es legte sein Köpfchen in meine Hände und ich hatte das Gefühl, dass es ihm gut tat. Nach ein paar Tagen erfuhr ich, dass »Lilly« wieder vergnügt im Garten umher sprang. So wusste ich, dass ich auch mit Tieren arbeiten konnte. Später erfuhr ich noch mehr über Tiere. Sie sind ein Argument gegen das, was manch einer meint: »Man muss nur daran glauben, sonst hilft es nicht...« Meine Antwort ist immer dieselbe: »Und was glaubt der Hund oder die Katze«?

2011 hatte meine Dackelhündin Sophie im Garten einen fürchterlichen Schrei losgelassen. Erst dachte ich, sie wurde von einer Biene gestochen. Aber die Schmerzensschreie kamen immer öfter. Der Tierarzt meinte es könnten epileptische Anfälle sein und Sophie wurde entsprechend behandelt. Als es sich nicht besserte vermuteten sie, dass es eine Verrenkung am Halswirbel sein könnte. Ich hatte aber schon ziemlich bald eine Vision, dass ein Splitter die Ursache war. Als Sophie die Narkose für eine Röntgenaufnahme bekam, empfahl ich dem Arzt, dass er in ihrem Rachen nachsehen sollte. Nach zwei Stunden holte ich Sophie ab. Da lagen drei verfaulte und ein »zersplitterter« Zahn auf dem Tisch.

Roland, einer der ersten Patienten, hatte eine Dornwarze. Ich hatte noch nie zuvor gehört davon und behandelte sie also wie eine normale Warze. Er war so enttäuscht von der OP seiner ersten Dornwarze, dass er zu mir kam. Er litt so unter den Schmerzen der OP, dass er nie wieder unter das Messer wollte. Nach eine paar Wochen erfuhr ich, dass die Warze einfach abgefallen und Roland sehr froh darüber war.

Auch Sylvia hatte Probleme und zwar mit einem Gerstenkorn am Auge. Sie hatte Angst davor, es mit einem Laser entfernen zu lassen. Auch dieses Gerstenkorn besprach ich wie eine Warze und hatte Erfolg damit.

Immer wieder kamen Nachbarn aus dem Dorf zu mir. Ich erzählte ihnen von meiner neuen Heilarbeit und sie reagierten sehr unterschiedlich darauf. Eine meinte sogar, es wäre »Teufelskram«, aber das machte mir gar nichts aus. Ich freue mich über jeden, der aus dem Dorf zu mir kommt. Und das sind mittlerweile recht viele. Es sind oft Kinder mit Warzen, Blähungen und allen möglichen Beschwerden. Oft habe ich ganz gute Ratschläge für die Eltern. Ich weiß aber nicht woher das Wissen kommt, es ist einfach da, wie eine innere Quelle, aus der ich ganz natürlich schöpfen kann. Das macht mich unendlich glücklich!

Nach solch übersinnlichen, schönen Erlebnissen genehmige ich mir hin und wieder ein Gläschen Kräuterlikör, um mich danach zu »Erden«.

2006 zog meine Mama zu mir ins Wendland. Mit ihren achtundachtzig Jahren konnte sie nicht mehr alleine sein. Mindestens ein- bis zweimal pro Woche meinte meine Mama: »Ich glaube, ich brauche einen Termin bei Dir«. Ich konnte ihr wirklich gut helfen. Nach jeder Sitzung bei mir war sie wieder fit und strahlte mich an. So konnte ich sie zwei Jahre lang mit großer Freude und viel Liebe begleiten, bis sie im Februar 2008 nachts in meinem Beisein ihren letzten Atemzug getan hat. Sie war immer sehr glücklich darüber, dass ich so vielen Menschen helfen kann und war der Meinung, dass die Gabe der GNADE nicht nur für andere Menschen das größte Geschenk war und ist, sondern auch für mich.

Besonders gut in Erinnerung blieb mir Charlotte. Sie kam mit großen Schmerzen in der Hüftgegend und wollte ganz dringend einen Termin. Die Tabletten und Spritzen, die sie bekam, waren ohne Wirkung geblieben. Sie kam mit einer Begleitperson am Stock gehend. Nach der Sitzung fühlte sie sich ein wenig besser und freute sich schon auf den nächsten Termin. Das zweite Mal kam sie ohne Stock freudestrahlend auf mich zu. Die Schmerzen wurden weniger und sie setzte große Erwartung in das dritte Mal. Ganz flott kam sie zu dieser Sitzung, ohne Stock, lächelte mich verschmitzt an und meinte, die Hüftschmerzen seien verschwunden und die Blase wäre auch wieder in Ordnung.

Mittlerweile hatte ich Visitenkärtchen drucken lassen, nur mit meinem Vornamen Marianne, darunter »Impulse an die Seele«. Ich weiß nämlich, dass ich eigentlich nicht die Krankheit heile, sondern Impulse an die Seele schicke. Meine Erfahrung ist, dass viele Krankheiten zu neunzig Prozent psychischer Natur sind. Speziell bei Gürtelrose suchen mich viele Menschen auf, die von ihrem Arzt zu mir geschickt werden. Die Ursache einer Gürtelrose ist ziemlich häufig eine psychische Störung, ausgelöst durch Schock, Angst, Trennung und Ähnliches.

Von Fernheilungen hatte ich schon gehört, hatte aber anfänglich noch keine Erfahrung damit. Eines Tages konnte meine Nachbarin nicht zur Sitzung kommen, weil sie mit einer Erkältung im Bett lag. Ich bot an, ihr Energie zu schicken. Es war das erste Mal, und ich war gespannt, ob es wirkt. Das Gefühl in meinen Händen war das Gleiche, als wenn sie vor mir säße. Nach einer halben Stunde rief ich an, weil ich wissen wollte, was sie fühlte. Und ja, es hatte gewirkt, ein Kribbeln war durch ihren Körper gegangen und sie fühlte sich bedeutend besser. Inzwischen ist die »Fernheilung«

ein wesentlicher Bestandteil meiner Arbeit geworden.

Ein Beispiel: Meine Freundin in München brachte ihren Arzt zum Staunen, da ihre Gürtelrose durch die Fernheilung verschwunden war.
(Auch zu meiner Überraschung!)

Die Heilungen kennen keine Grenzen, man kann sie in die ganze Welt schicken, ohne Verzögerungen.

Ich behaupte, dass meine Heilarbeit »bodenständig« ist und ich arbeite so, wie ich fühle. Es hilft so vielen Menschen, also muss es ja richtig sein.

Bücher, Berichte und andere Informationen über diverse Heilprojekte irritieren mich häufig. Ich lasse mich in keiner Weise beeinflussen. Jede Heilerin und jeder Heiler geht einen für sich individuell bestimmten Weg.

VISIONEN

Seit 2007 habe ich oft Visionen während der Sitzungen. Ich sehe Verstorbene, die mir helfen, schlechte Energien aus dem Körper der Besucher herauszuziehen. Es macht mir weder Angst, noch habe ich Probleme damit. Ich kann Situationen und Personen aus deren Leben klar beschreiben, was mir manchmal selbst unbegreiflich ist. Durch die tägliche Arbeit mit dieser Gabe bin ich sensitiver geworden und habe an Sicherheit gewonnen habe.

Nur einmal habe ich ein wenig Angst bekommen. Eine Freundin kam mit einem Ausschlag zu mir. Während der Sitzung sah ich meine göttlichen Helfer mit schrecklichem Ausschlag im Gesicht. Wenn ich die Hände auflege, habe ich normalerweise meine Augen geschlossen. Diesmal musste ich aber ständig meine Augen öffnen, um nicht dieses schreckliche Bild zu sehen.

Danach räucherte ich mein Zimmer aus, lüftete ganz lange und dachte darüber nach, was diese

Vision zu bedeuten hatte. Ich vermute, dass die Wesen die Krankheiten übernehmen, in diesem besonderen Fall konnte ich das sehen und wahrnehmen.

Um sicher zu gehen, habe ich eine meiner Heil-Freundinnen angerufen. Sie bestätigte meine Vermutung.

Eine andere Vision erlebte ich mit einem schwarzen Engel und vielen Verstorbenen, alle in Schwarz, die sich um meine Patientin versammelten. Sie halfen mir, die schlechte Energie aus ihr zu ziehen, und verschwanden auf Befehl des schwarzen Engels. Daraufhin erfüllte sich mein Zimmer mit einer Ruhe, und ich fühlte mich sicher und zufrieden. Die Visionen brachten mich ein wenig aus der Fassung, dienten aber zu einem stetigen Wachsen meiner Erfahrungen.

Ein weiteres Erlebnis: Die Mutter einer Freundin litt nach einer Kopfoperation an Halluzinationen. Sie sah zwischen ihren Pflanzen plötzlich Tierköpfe, die ihr Angst machten. Während einer Fernheilung sah ich eine Familienfeier. Da stand ein Glastisch, auf dem Sofa (sogar Muster und die Farbe konnte ich beschreiben!) saß die Verwandtschaft, daneben ein Tischchen mit Kerzen und die Patientin saß am Tischende.

Ich beschrieb die Geburtstagsparty, die meine Patientin kurz zuvor gefeiert hatte. Dass ich sogar das Sofa beschreiben konnte, faszinierte sie.
Ich gab ihr den Rat, diese Tiere einfach energisch anzusprechen und zu vertreiben. Nach kurzer Zeit hatte sie wieder Ruhe.

***

Nachdem meine Mama aus dem Krankenhaus entlassen wurde, gaben ihr die Ärzte nur noch ein paar Tage zu leben. Wegen ihrer Schwäche behandelte ich sie sofort. In meiner Vision sah ich sie auch schon den Weg ins Licht gehen. In ihrem Nachthemd lief sie freudestrahlend dem Licht entgegen. Da kam aber ihre Mama auf sie zu, wurde immer größer, bis sie schließlich aussah wie eine Riesin. Dabei hob sie ihre Hand, als wollte sie sagen: »Stopp, Du bist noch nicht so weit, Du musst warten.« Da wusste ich, meine Mama darf noch ein bisschen bei uns bleiben, und war sehr glücklich darüber.

Kurz bevor sie starb fragte sie mich: »Sind sie alle da?« Es war ihr sehr wichtig, sich von allen zu verabschieden. Ich schloss meine Augen und sah, wie nacheinander die gesamten, verstorbenen Familienmitglieder sich in ihrem Wohnzimmer versammelten. Mein Opa ließ seinen Hut auf, meine Tante hatte, wie schon zu Lebzeiten, ihre Perlenkette um und meine Oma streckte ihr die Arme entgegen, als wollte sie zeigen, jetzt kannst Du zu uns kommen. Da wusste ich, dass die Zeit gekommen war, Abschied zu nehmen.

***

Eine Lehrerin kam mit schweren Rheumaschmerzen zu mir. Ich kannte weder sie noch ihre Familie. Gleich zu Anfang der Sitzung kam mir ein Frauenkopf entgegen, mit wässerig hellblauen Augen. Er hatte keine gute Ausstrahlung. In meiner Vision befreite ich die Lehrerin von dieser Frau, und hatte das Gefühl, ihr einen großen Gefallen damit getan zu haben. Vor meinem inneren Auge schenkte ich ihr zweiundfünfzig weiße Rosen. Ich konnte es kaum erwarten, sie zu wecken um ihr meine Vision zu erzählen.

Es stellte sich heraus, dass die Person, von der ich sie befreit hatte, ihre Mutter war, von der sie sich ihr Leben lang vernachlässigt gefühlt hatte. Ich kann mir gut vorstellen, dass sie der Anlass ihrer großen Schmerzen war. Danach berichtete sie mir, dass sie in ein paar Tagen zweiundfünfzig Jahre alt wird. Deshalb die zweiundfünfzig Rosen!

***

Bei einer jungen Frau sah ich hinter einem Vorhang, ganz schemenhaft einen Kinderwagen stehen. Sie kam wegen Schmerzen, die kein Arzt hatte beheben können. Sie erkannte in meiner Vision ihren geheimen Kinderwunsch, den sie sich wegen ihres Berufes und ihrer Beziehung nicht erfüllen konnte.

Leider vergesse ich immer wieder zu sagen, dass ich gerne benachrichtigt werden möchte, wenn die

Schmerzen verschwunden sind, oder meine Visionen sich erfüllen oder bestätigt haben.

Manchmal rufe ich einen Schutzengel zu Hilfe und kann ihn gut beschreiben. Ich sehe das Kleid und die Haarfarbe und meine Schwester erklärt mir dazu noch den Namen (sie beschäftigt sich mit Engeln). Somit gehen alle gut behütet und beschützt nach Hause.

Ich wurde von einer guten Freundin beauftragt, einer krebskranken Bekannten per Fernheilung zu helfen. In dieser Vision sah ich sie in einem weißen Kleid und Flügeln, schon als Engel. Ich bat sie doch noch bei uns zu bleiben, da wir sie in unserem Freundeskreis so dringend brauchten. Sie lächelte mir zu, nahm ihre Flügel ab und legte sie auf eine weiße Bank. Dann kam sie auf mich zu und strahlte mich an, als wollte sie sagen, na gut, ich komme. Leider hat sie uns nach ein paar Monaten dann doch verlassen.

***

Kürzlich kam Michael zu mir, der schon zweimal eine Fernheilung erhalten hatte. Ich sah ihn jetzt zum ersten Mal und kannte noch nicht viel von seinem Leben. Während ich meine Hände über ihn hielt, sah ich ihn in einem Garten. Er zeigte mir verschiedene, angelegte Beete, mit runden, großen Kieselsteinen umrandet. Er ging dann direkt auf eine Birke zu und umarmte sie. Ich war überzeugt, dass er mir seinen Lieblingsbaum zeigen wollte. Dann wandelte eine junge Frau mit langem, dunklem Haar und grün-braunen Augen wie eine Elfe im weißen Kleid umher und beschnupperte Blumen und Sträucher. Das und andere schöne Situationen konnte ich in meiner Vision wahrnehmen.

Anschließend hörte er mir gespannt zu. Nach einer kurzen Pause fragte er mich, ob ich seine Gärtnerei kenne, denn ich hätte sie genau so beschrieben. Und die weiße Elfe sei seine Freundin. Die Birke ist der einzige Baum in seiner Gärtnerei und sein Lieblingsbaum.

***

AUS DEM TAGEBUCH EINER HEILERIN

Zu einer Warzenbehandlung kam Silkes Freund. Weil Männer ja immer sehr skeptisch sind beim Thema Heilen, meinte er schon nach drei Wochen, dass es doch nicht geholfen habe. Doch - oh Wunder, ein paar Tage darauf waren sie verschwunden. Aber nicht nur seine, die von Silke hatten sich gleich mit verflüchtigt!!!

***

Angelika war zwar gut im Reiten, aber sie war unsicher und dadurch sehr unkonzentriert. Sie erhoffte sich so sehr, mal einen Preis zu gewinnen. Also kam sie mit großer Erwartung zu mir. Nach Ihrem Besuch fühlte sie sich total entspannt und ruhig, dass es sogar ihrem Mann auffiel.

Am nächsten Tag sollte das Turnier stattfinden. Ich fuhr zufällig bei ihr vorbei, sie stand mit ihrem eleganten Reiteranzug und Kappe vor mir. Ich wollte ihr noch viel Glück wünschen. Sie erzählte mir aber voller Stolz, dass sie schon geritten sei und den ersten Preis gewonnen habe.

***

Mittlerweile hat sich herum gesprochen, dass ich helfen kann. Besonders viele Menschen kommen mit Gürtelrose zu mir, auf Anraten ihres Arztes.

Ich wusste gar nicht, wie vielfältig diese sein kann, am Arm, an der Schulter, am Finger und am Kopf, die ist am Schlimmsten. Vor einiger Zeit stand meine Nachbarin vor der Türe. Ihre Tochter, die in Göttingen wohnt, hatte die »Kopfrose«. Zum Glück hatte sie diese gleich im Anfangstadium entdeckt. Ich fühlte schon während der Fernheilung, wie eine Besserung eintrat. Nach vier Tagen ging sie zu ihrem Arzt und hatte fast keine Beschwerden mehr. Danach konnte sie bald wieder arbeiten.

***

Im Dezember kam eine Frau mit wunden Händen zu mir. Meine Adresse hatte sie von einer Nachbarin erhalten, die unter anderem wegen des gleichen Symptoms bei mir gewesen war.

Nach einer Weile bestellte sie mir Grüsse von der Frau, die mich empfohlen hatte und deren Worte: »Erzählen Sie bitte Marianne, dass ich ein Mädchen bekommen habe, sie freut sich bestimmt darüber.« Diese Frau hatte mich auch wegen ihrer vielen Fehlgeburten aufgesucht.

Eigentlich stimmte mich das sehr traurig. Vielleicht hatte ich ja dazu beigetragen, dass sie ihr Baby bekommen konnte. Warum hat sie mir nicht selber davon erzählt? Ja, das ist wohl unser Los, dass unsere Hilfe sofort vergessen wird, sobald eine Krankheit verschwunden oder eine Besserung eingetreten ist.

***

Ein verzweifelter Anruf einer Freundin aus Lüneburg: »Kannst du mir helfen, ich habe einen abscheulichen Abszess, der immer wieder kommt?« Meine Antwort war wie immer: »Ja, ich versuche es!« Am Abend gab es die versprochene Fernheilung. Am nächsten Tag rief sie mich an, dass der Abszess über Nacht verschwunden war. Das war für mich selbst überraschend. Sie hat mich inzwischen noch zweimal angerufen und jedes Mal erfolgte eine rasche Besserung.

***

Auch kommen immer mehr Kinder und Jugendliche zu mir. Besonders die ganz Kleinen haben sofort Vertrauen zu mir, viele Eltern sind ganz erstaunt darüber, dass die Kinder alleine mit mir in mein Zimmer kommen. Ich vermittle ihnen immer, dass unser Treffen ein Geheimnis für uns Beide sei. Einmal, nachdem ich mich von Mama und Söhnchen verabschiedet hatte, hörte ich den Kleinen zu seiner Mutter sagen: »Ich sage Dir nichts.« (Großes Indianerehrenwort!!!) In diesem Falle war es so ein Glück, weil dem Jungen eine Operation wegen einer Dornwarze erspart worden ist.

So könnte ich unendlich weitererzählen, von wunderbaren Erlebnissen mit dankbaren Menschen, die zu mir kommen. Ich bin sehr glücklich darüber und hoffe, dass ich mit meinem Bericht viele Menschen erreiche, die vor dieser Art von Behandlung, mit Handauflegen, Bedenken haben. Ich wünsche ihnen, dass sie Mut und Vertrauen fassen und eine von uns vielen Heilerinnen oder einen Heiler aufsuchen, und wünsche ihnen viel Erfolg.

ZUM SCHLUSS EIN
»WAHRES« MÄRCHEN

Anfang 2006 hatte ich ein wunderschönes Erlebnis. Nachdem ich Katherina wegen ihrer Neurodermitis behandelte, fragte sie mich, ob ich vielleicht auch Tiere heilen könnte. Nachdem ich ihr von der Geschichte des kleinen Lämmchens erzählt hatte, hat sie Hoffnung geschöpft, dass ich ihrem Hund »Louis« helfen könnte.

Louis, ein zehnjähriger Golden Retriever - Berner Sennenhund, kam nur noch schwer auf die Beine, bekam schmerzlindernde Tabletten und teure Spritzen. Der Tierarzt gab ihm nur noch ein paar Tage. Es war ein tolles Erlebnis, wie ein Tier auf meine Behandlung reagiert. Er hielt genau die Stelle zu mir hin, wo die heilenden Strahlen wirken mussten. Da ein Besuch nicht reichte, besuchte ich ihn ein zweites Mal. Und da passierte das »kleine Wunder«. Louis sprang schon am nächsten Tag herum wie ein junges Reh. Ich konnte es kaum glauben.

Fast genau ein Jahr später rief mich Katherinas Mutter Ingrid an, dass es dem Hund wieder schlecht gehe und er dieselben Symptome hatte wie vor einem Jahr. Er hatte dieselben Lähmungserscheinungen. Da es fast Mitternacht war, bot ich ihr eine Fernheilung an. Danach erkundigte ich mich nach seinem Befinden. Ingrid sagte mir zu meinem großen Erstaunen, dass er noch dreimal gejapst hatte (sie meinte schon, jetzt gehe es zu Ende), streichelte ihn noch mal und ging ganz traurig in ihr Wohnzimmer. Nach ein paar Minuten traute sie ihren Augen nicht. Da kam Louis zu ihr, legte seinen Kopf auf ihren Schoß und alles war wieder gut.

Nach einem Jahr hatte er schon wieder Probleme, Lähmung und dazu noch ein Ekzem am Schwanzansatz. Nachdem ich zum zweiten Mal kam, hatte sich das Ekzem gebessert. Kaum hatte ich das Haus betreten lief Louis ins Wohnzimmer und legte sich auf den Platz, wo ich ihn das letzte Mal behandelt hatte. Als wollte er sagen: »Jetzt kannst Du gleich anfangen.«

2008 und 2009 kamen Anrufe meiner Freundin, immer mit der gleichen Geschichte. Louis legte sich in den Garten, wie das Jahr davor, fraß nicht und konnte sich kaum bewegen. Obwohl ich ihr beteuerte, dass Louis schon sehr alt ist und sich verabschieden wird, bettelte sie immer wieder: »Bitte hilf ihm noch ein Mal ...«

Weihnachten 2010 schickte ich ihr eine SMS, wie es Louis geht. Antwort: »Er lag ganz zufrieden unter dem Weihnachtsbaum«. Was soll ich dazu sagen, das ist das größte »Wunder« für mich und Louis.

Ab 2011 wurde er wirklich schwerfällig und gebrechlich. Er hielt sich nur noch in der Scheune auf und konnte von selbst nicht mehr ins Haus gehen. Da kam ein Anruf, ob ich ihm wenigsten die Energie schicken könnte, damit er alleine die Stufen schafft in die Wohnung. Ingrid wollte ihn jetzt lieber unter Kontrolle haben, falls es doch zu Ende gehen sollte. Er schaffte es noch einmal, nach einer Fernheilung und ging ganz langsam wieder jeden Tag mit Ingrid spazieren.

2012: Louis starb im Juni, nach fast sechs Jahren Lebenshilfe durch »Handauflegen«.

HEXENKRÄUTERTAGE

Mit den Jahren hatte ich nun allerhand Erfahrungen gemacht. Ich lernte viele spirituelle Leute kennen, die wie ich mit den Händen heilen und sich mit Heilsteinen und Kräutern beschäftigen.

So wurde es mein Anliegen, die Menschen hier im Umland aufmerksam zu machen, dass es neben der Schulmedizin genügend Alternativen zur Heilung verschiedenster Krankheiten gibt.

Damals arbeitete ich im Rundlingsmuseum Lübeln. Ich plante einen Aktionstag, um hiesige Heiler, Heilpraktiker und viele andere spirituelle Menschen aus der Region vorzustellen. Eine Veranstaltung zum Thema »Hexenkräuter und Heilkräuter« stand vom Museum aus schon fest. Hier konnte ich mit dem Untertitel »Spirituelles und Mystisches aus dem Wendland« meine Idee verwirklichen, all diese Menschen zusammen zu bringen. Nun hieß es so viele interessante Leute wie möglich zu finden, damit wir ein gutes und spannendes Programm zusammenstellen konnten. Zuerst fragte ich natürlich meine eigenen guten Bekannten und Freunde. Obwohl einige sehr skeptisch dem ganzen Thema gegenüber sich äußerten, machte mir Edith aus Kukate Mut. Sie hatte sich in einem Zeitungsartikel in der Regionalzeitung als Heilerin geoutet. Somit war ein Anfang gemacht.

Der Aktionstag 2007 war uns gut gelungen. Alle freuten sich über unseren Erfolg. Über fünfhundert Besucher und Besucherinnen kamen. Die Vorträge waren gut besucht und sehr viele Aussteller/innen, Teilnehmer/innen und Besucher/innen haben sich gleich für das nächste Jahr wieder angemeldet. Ich selbst habe mich eher im Hintergrund gehalten, beobachtet und die Stimmung während des Aktionstages wahrgenommen. Mein Wunsch ist erfüllt worden, das Thema »ganzheitliches Heilen« öffentlich zu machen und darauf aufmerksam zu machen, dass wir momentan einen Umbruch im schulmedizinischen Gesundheitsbereich erleben. Ein ganzheitliches Heilen ohne wissenschaftlichen Hintergrund, auf eine ganz natürliche Art und

Weise, die alle verstehen. Schließlich gibt es uns
»weise Frauen« schon einige tausend Jahre!!!
Das war der Grundstein für unsere »Hexenkräutertage«.

Ein paar Tage nach der Veranstaltung las ich einen
Artikel in der Regionalzeitung über unseren
Aktionstag. Der Reporter war schon vor Beginn
im Museum. Sein Bericht fing so an: »Das Thema
des Tages war zwar »Hexenkräuter und Heilkräuter«, aber eine Hexe habe ich nicht gesehen.«
Der ganze Text handelte nur von Kräutern und
Stauden, nach meiner Meinung war das Thema
verfehlt. Daraufhin habe ich ihn sofort angerufen
und ihm gesagt: »Ich war den ganzen Tag
anwesend«. Ich bezeichne mich ja schließlich als
»Hexe der weißen Magie«, das hat ihn neugierig
gemacht und er bat mich um ein Interview.

Das Interview erschien unter dem Titel: »Nicht
erklärbare Impulse«, darin stand: »Hexen der
weißen Magie« sind umstrittene Frauen.
Im Museum Lübeln hatten sie sich jüngst
vorgestellt und sich zu ihrem Wesen bekannt:
Hexen. Doch die Frauen zielten dabei weniger auf

die üblichen Darstellungen in Märchen oder auf die wahnwitzigen Verfolgungen dieser Hexerei angeklagten Weibern ab, vielmehr ging es in Lübeln um die Künste und Fähigkeiten von so genannten Weisen Frauen – Frauen, die es verstehen zu lindern und zu heilen.

Solch eine Frau ist »Marianne aus dem Wendland«. Ihr Anliegen ist es insbesondere, dass sich Frauen mit solchen Fähigkeiten regional zusammenschließen, sich austauschen, um anderen zu helfen. Sie heilt durch Impulse aus ihrem Körper heraus. Durch das Gleiten mit den Händen – ohne den Körper zu berühren – übt sie positive Kräfte auf die leidenden Stellen der Patienten aus. »Ob es immer funktioniert, das weiß ich nicht. Dass es funktioniert, das belegen meine erfolgreichen Behandlungen«, sagt die »Hexe der weißen Magie« wie sie sich selbst bezeichnet. Für ihre Kraft ist sie dankbar, erwartet fürs Heilen von den Besuchern keine Gegenleistungen. Wie bei den anderen weisen Frauen sind diese spirituellen Kräfte einfach vorhanden, nicht erklärbar, werden für gute Ziele genutzt und sind doch gleichermaßen umstritten, von der Wissenschaft und bei den Menschen rund um diese Frauen herum. »Doch wir werden gebraucht, was auch die Gespräche in Lübeln gezeigt haben«, meint Marianne.

Marianne hat ihre Kräfte vor 20 Jahren unbewusst das erste Mal gespürt. Erst seit knapp drei Jahren ist die Impulsheilung bei Mensch und Tier eine Aufgabe, der sie sich bewusst stellt. Es gelingt ihr auch über Entfernungen hinweg, einem Leidenden zu helfen. Sind ihre Fähigkeiten gefragt, sucht sie »ihr Zimmer« auf und beginnt. Dabei spürt sie, wie sie berichtet, dass sich Wärme in ihren Händen ansammelt und strömt. Diese spirituelle Wärme gibt sie weiter um zu heilen. (Abdruck mit freundlicher Genehmigung des Autors Harald Schulz.)

***

2008 erweiterten wir den »Aktionstag« auf ein komplettes Wochenende mit fast dreißig Teilnehmer/innen. Die Vorträge, Ausstellungen, Heilbehandlungen, Kräuterführungen und Gespräche wurden sehr gut angenommen.

Nach ein paar Wochen lud ich alle Teilnehmer/-innen zu einer »Nachbereitung« zu mir nach Hause ein. Es diente auch dazu, uns gegenseitig besser kennen zu lernen. Schließlich hatten wir an den Aktionstagen viel zu tun und wenig Zeit uns untereinander zu beschnuppern. Es wurde ein interessanter Nachmittag, denn wir berichteten über unsere Arbeit und überlegten uns, wie wir einander helfen können. Zu meiner Freude stellte sich heraus, dass alle wieder an den Hexentagen teilnehmen wollten.

Das Thema »Heilen« ist zurzeit in aller Munde. In Interviews, Zeitungsartikeln, Fernsehen und Dokumentationen wird immer mehr berichtet. Ich freue mich sehr, dass die Menschen wieder zu natürlichen Heilmethoden zurückfinden. Zuerst muss selbstverständlich vom Arzt bestätigt werden, um welche Krankheit es sich handelt. Jeder Schmerz hat eine Ursache, und die kann und darf eine Heilerin nicht bestimmen. Es ist schon ein großes Wunder, dass wir Schmerzen lindern und oft auch beheben können, aber wir arbeiten gerne Hand in Hand mit Ärzten zusammen, wenn sie es zulassen. Mein größter Wunsch wäre »miteinander« zu arbeiten, sowohl mit Arztpraxen, Kliniken und anderen medizinischen Institutionen. Dafür stellen wir gerne unsere Fähigkeiten und Energien zur Verfügung.

Viele Jahre lebten Heiler in Angst vor der Staatsanwaltschaft und den Gesundheitsämtern. Dreh- und Angelpunkt war die weit verbreitete Auffassung, dass Heiler eine Erlaubnis nach dem Heilpraktikergesetz benötigen.

Das Bundesverfassungsgericht hat dem Spuk durch seine Entscheidung vom 2. März 2004 ein Ende gesetzt.

Es gibt immer noch Pflichten, sie sind aber überschaubar und einfach zu erfüllen. Mit dem Leitfaden lässt sich kürzer und einfacher darstellen, was für Heiler wissenswert ist.

Geistiges Heilen ohne Heilpraktikerzulassung, Heiler, die Handauflegen praktizieren zur Aktivierung der Selbstheilungskräfte des Patienten, unterscheiden sich grundsätzlich vom Erscheinungsbild eines Arztes oder Heilpraktikers. Das Heilpraktikergesetz findet keine Anwendung.

Gleiches gilt für Tätigkeiten, die religiöser Natur sind oder rituelle Praktiken. Der innere Grund liegt darin, dass vom Heiler keine Diagnose gestellt wird.

Erlaubt ist, ich zitiere:
1. die gezielte Krankheitsbehandlung, wenn die Diagnose vom Arzt/Heilpraktiker stammt. Der Arzt/Heilpraktiker darf also Patienten zum Heiler schicken. Der Heiler muss nicht in der Praxis tätig werden. Er kann zu Hause arbeiten. Für den Arzt/Heilpraktiker ist das auch kein Problem, da er keine medizinische Verantwortung überträgt.

Verboten sind:
1. Diagnosen, wie z.B. Analysen durch Radionik.
2. Verordnung von Bachblüten, Essenzen oder anderen Mitteln, die als Hausmittel benutzt werden sollen.
3. Werbung mit Krankengeschichten oder Dankschreibungen, Werbung mit Wirkung bestimmter Gegenstände.

Der Heiler ist dafür verantwortlich, dass der Patient ihn nicht für einen Arzt hält und geistiges Heilen nicht mit ärztlicher Heilkunde verwechselt wird. Aus dem Grund verlangt das Bundesverfassungsgericht vom Heiler, dass er Patienten aufklärt. Der Heiler bringt gut sichtbar einen Aushang in seinem Behandlungsraum an, auf dem dieser Hinweis steht:
GEISTIGES HEILEN DIENT DER AKTIVIERUNG DER SELBSTHEILUNGSKRÄFTE UND ERSETZT NICHT DIE DIAGNOSE ODER BEHANDLUNG BEIM ARZT/HEILPRAKTIKER.

Damit sind wir Heiler geschützt, und können unserer Tätigkeit ohne schlechtes Gewissen nachgehen und uns über unsere Erfolge freuen.

2011: In diesem Jahr organisierte ich unsere fünften »Hexenkräutertage«. Das letzte Jahr war wieder ein voller Erfolg, obwohl wir nur einen Tag zur Verfügung hatten, kamen über fünfhundert interessierte Menschen zu uns. Viele Vorträge und Vorführungen standen auf dem Programm.

Insgesamt konnten über zwanzig Aussteller sich den Besuchern präsentieren. Wir hatten sogar noch eine Woche danach die Möglichkeit, im Museum täglich je zwei Programme für Vorträge und Workshops zu bieten.

Und wie immer hatten wir schönes Wetter.
Die Themen unserer Vorträge:
»Essbare Wildkräuter«
»Zu Hause bei sich selbst«
»Schamanisches Heilen in unserer Zeit«
»Kräuter- und Heilkosmetik selbst gemacht«
»Hellsichtigkeit und Medialität«
»Wasser-Natursalz«
»Gewicht verlieren mit spiritueller Hilfe«
»Selbstheilung als letzter Ausweg«

Von Montag bis Freitag konnte man an folgenden Vorträgen teilnehmen:
»Die Glücksritter - Die Kunst sich glücklich zu fühlen«
»Schamanische Reisen – Schamanische Selbsterfahrung«
»Essbare Wildkräuter sammeln und zubereiten«
»Die Heilkraft von Worten, Farben und Symbolen«

»Einblicke in die Medial- und Heilerschulung
(R.Sonnenschmidt und H.Knaus)«
»Shendo-Shiatsu und die fünf Elemente der
traditionellen chinesischen Medizin«
»Schamanenausbildung - wie kann das aussehen?«
»Heilpflanzen und deren Mond- und
Planetenbeziehungen / Kräutermärchen«
»Schamanenausbildung – Schnupperkurs«
»Neue Hexen«

2012 hatten wir wieder mit siebenhundert
Besuchern ein erfolgreiches Wochenende mit
unseren »Hexenkräutertagen«. Danach hatten wir
die Idee, uns als Hexen zu outen und durch einen
Vortrag mit anschließender Diskussion dem
Publikum zu präsentieren. Fünf Frauen haben sich
bereit erklärt, über sich und ihre Arbeit zu
erzählen.

Es kamen eine Kräuterhexe, eine Kartenlegerin,
eine Heilerin, eine Wicca-Hexe und ich, auch als
Hexe der weißen Magie (Heilerin). Nacheinander
erzählten wir unsere Geschichte, wie wir dazu
gekommen sind, diesen Weg der alternativen
Medizin zu gehen. Auch sprachen wir über unsere

Methode und über Ereignisse, die wir dabei erlebt hatten. Es wurden viele Fragen gestellt. Wir konnten alle auf unsere Art und Weise beantworten und die Menschen zufrieden stellen. Da viele noch sehr unerfahren auf diesem Gebiet waren, haben wir doch Einige aufklären und überzeugen können. Ich glaube viele sind mit der Überzeugung nach Hause gegangen, uns demnächst zu besuchen, um heraus zu finden, ob unser System ihren Wünschen und Ansprüchen entspricht.

Auf alle Fälle werde ich weiterhin für uns Heilerinnen mit unserem Wissen und Erfahrungen an die Öffentlichkeit gehen, um den Menschen zu beweisen, dass man durch alternative Heilmethoden Hilfe bekommen kann.

2013: Eine große Überraschung war die Besucherzahl zu unseren siebenten «Hexenkräutertagen». Es kamen eintausend interessierte Menschen zu uns. Ein Beweis, dass unsere Idee, unsere alternative Heilarbeit an die Öffentlichkeit zu bringen, gut angenommen wird.

Am 17. August 2009 erschien in unserer Tageszeitung »Elbe-Jeetzel-Zeitung« folgender Artikel, der mich sehr glücklich gemacht hat:

KRÄUTERKUNST UND » WEISSE MAGIE«
»Hexen- und Kräutertage« in Lübeln:
Schamanenhochzeit und Mystisches im Rundlingsmuseum
Lübeln. «Ja« sagt Marianne, »ich bin eine Hexe«. Die rothaarige Frau lacht, ihre Augen strahlen. Als »Hexe der weißen Magie« bezeichnet sich die gebürtige Bayerin, die seit Jahren in Lüchow-Dannenberg wohnt und wirkt. »Natürlich gibt es auch die schwarze Magie. Das geht in die Richtung Satanismus - damit habe ich nichts zu tun.« Marianne ist eine Heilerin, seit sie vor rund 20 Jahren anfing, sich für das Unerklärliche zu interessieren. Und sie ist die Organisatorin der »Hexen- und Kräutertage«, die am Wochenende bereits zum dritten Mal im Rundlingsmuseum in Lübeln stattfanden.

Rund 30 Aussteller zeigen auf dem weitläufigen Gelände Gegenstände, Methoden und Anwendungen aus ganz verschiedenen Bereichen.

Schamanen, Massagen, Kräuter, Amulette, Besprechungen, Aura-Lesen, alles hat seinen Platz. »Es soll ein Schaufenster sein zu dem, was wir tun. Wir zeigen, was es alles gibt und wollen die Menschen dazu ermutigen, es einmal auszuprobieren«, erklärt Marianne. »Unsere Heilmethoden sollen einmal für jedermann so normal werden wie der Gang zum Hausarzt. Dafür setze ich mich ein.«

Ihr eigener Einstieg in die Welt der Hexen, der Kräuterfrauen, des Heilens mit den Händen, liege 20 Jahre zurück, erzählt Marianne. »Meine Sohn hatte damals Warzen, und ich versuchte einfach mal, diese mit Besprechen zu heilen.« Es funktionierte, sagt Marianne, und von da an sei sie überzeugt gewesen: »Da ist noch mehr.«

Heute ist sie überzeugt, mit ihren Händen heilen zu können. »Es ist mir selbst ab und zu unheimlich, denn ich weiß ja gar nicht, warum ich diese Fähigkeiten habe«, lächelt die in Pannecke lebende Frau. »Aber es funktioniert. Selbst Fernheilungen habe ich schon erlebt.«

Dabei gehe es jedoch nicht um Zauberei, betont Marianne. »Es ist vielmehr so, dass Heiler wie ich Impulse an die Selbstheilungskräfte der Patienten geben. Wir heilen nicht, sondern helfen, sich selbst zu heilen. Ich spüre etwas, sehe, dass es funktioniert – und das macht mich glücklich.«

Moderne Hexen haben nichts gemein mit den Gruselgestalten, die sich in Märchen und Geschichten tummeln, betont die »Hexe der weißen Magie«. »Und auch früher sind die so bezeichneten Hexen nicht auf Besen herumgeflogen und haben Kinder gefressen.« Das seien Dinge, die verbreitet wurden, um Kindern Angst zu machen und die als Kräuterfrauen und Hebammen arbeitenden Frauen zu diskeditieren und zu verfolgen.

Doch auch heute gibt es Hexen, die zumindest von der äußeren Erscheinung her dem Bild der Hexe aus dem Märchen zu entsprechen scheinen. Hexen wie Yvonne. »In der Szene bezeichnet man uns als Romantiker, weil wir dieses ganze Brimborium einfach brauchen«, schmunzelt sie. Dunkle Kleidung mit Spitzen, Hüte, Kerzen und der Ganze Hokuspokus, das ist zwar für das Hexe-Sein eigentlich gar nicht nötig. Aber wir brauchen das halt.« Und zwar, um die natürlichen Kräfte zu nutzen, die dann wiederum anderen Menschen helfen, erklärt Yvonne. »Eine Hexe hat immer ein Bein in der materiellen Welt, und eines in der spirituellen. Die Kunst ist dabei, nicht auf eine Seite zu kippen – und diejenigen nicht zu verurteilen, die gekippt sind.«

Magie, sagt die junge Frau, sei in allererster Linie die Kunst auf allen Ebenen zu kommunizieren. »Und das, davon bin ich überzeugt, kann jeder.« Besonderer Höhepunkt der »Hexen- und Kräutertage« in Lübeln war eine »Schamanenhochzeit«. Beschützt durch die Schamanen der vier Himmelsrichtungen fand die Zeremonie mit »de wise Fru« auf dem Gelände statt.

(Abdruck mit freundlicher Genehmigung des Autors Rouven Groß)

***

2014: In diesem Jahr gab es auf den Hexenkräutertagen noch mehr neue Aussteller und Vortragsthemen. Ein besonderes Highlight war der Wunschbaum: In einen Haselnuss-Strauch konnte man Stoffstreifen mit seinen Wünschen an die Äste knoten. Wind, Sonne und Regen verwittern den Stoff und lassen die Wünsche in Erfüllung gehen. Auch heute, im Jahr 2015, verlangen Besucher des Museums immer noch nach neuen Stoffstreifen, die sie in den Baum knoten möchten.

Die Besucherzahlen haben sich noch mal gesteigert, diesmal waren über tausend Menschen dort.

Auch in Zukunft möchte ich jedes Jahr dafür sorgen, dass die Hexenkräutertage stattfinden.

Mein größter Wunsch wäre, dass immer mehr Menschen zu uns kommen, damit wir uns präsentieren können und beweisen, dass es oft auch ohne Medikamente und manchmal sogar ohne Operationen zu schaffen ist, die Gesundheit wieder zu erlangen.

DANKE

Mein besonderer Dank gilt allen Freundinnen, die mir geholfen haben, dieses Buch zu veröffentlichen. Tanja hat mit mir Seite für Seite nach Schreibfehlern abgesucht und Sibylle klärte einige Formulierungen.

Ohne Sabine vom Museum in Lübeln könnten die Hexentage gar nicht stattfinden. Sie kümmert sich um Organisation und Pressearbeit.

Am Ende kam Eva als rettender Engel und hat meinem Buch eine schöne Form gegeben, so dass ich es endlich an die Öffentlichkeit bringen konnte.

Die Heilarbeit ist für mich zum Lebensinhalt geworden. Ich bin sehr dankbar dafür und hoffe, dass mir diese Gabe noch lange erhalten bleibt.

INHALT

Vorwort 5

1954: Freising - Die Gnade 9

2004: Wendland - Ja ich will 11

Geschichten 15

2005: Der Anfang 19

Erste Erfahrungen 21

Visionen 29

Aus dem Tagebuch einer Heilerin 37

Zum Schluss ein »wahres« Märchen ... 43

Hexenkräutertage 47

Danke 65